Raimund Eich

Glauben ist nicht doof

Denkanstöße für ein erfülltes
Leben im Einklang mit sich selbst

Der saarländische Autor Raimund Eich hat neben zwei Tatsachenromanen sowie einigen Büchern mit heiteren und besinnlichen Gedichten und Geschichten einige Werke veröffentlicht, in denen er sich insbesondere mit gesellschaftlichen und geisteswissenschaftlichen Themen befasst. Hierin lässt er auch naturwissenschaftliche und technische Aspekte in sehr anschaulicher Form mit einfließen. Daraus resultieren einzigartige Bücher, spannend, dramatisch, informativ und unterhaltsam zugleich.

Raimund Eich

Glauben ist nicht doof

Denkanstöße für ein erfülltes
Leben im Einklang mit sich selbst

Bibliografische Information der Deutschen Nationalbibliothek:
Die Deutsche Nationalbibliothek verzeichnet diese Publikation
in der Deutschen Nationalbibliografie; detaillierte bibliografische Daten sind im Internet über http://dnb.dnb.de abrufbar.

© 2018 Raimund Eich
Herstellung und Verlag: BoD - Books on Demand, Norderstedt
ISBN: 9783746044705

Inhaltsverzeichnis

Vorwort

„Vor Kummer und Leid ist niemand gefeit!" Nur ein Spruch, nicht mehr als eine Binsenweisheit, die aber jeder von uns vermutlich uneingeschränkt bestätigen kann. Wir alle werden im Laufe unseres Lebens von mehr oder minder schweren Schicksalsschlägen getroffen, die uns belasten, uns schwer zu schaffen machen oder uns sogar völlig aus der Bahn zu werfen drohen, wie zum Beispiel der Verlust des Arbeitsplatzes, ein finanzieller Ruin, der Bruch einer Beziehung, eine schwere Krankheit oder der Tod eines geliebten Menschen. Und doch scheint es nicht jeden gleichermaßen zu treffen. Zuweilen hat man den Eindruck, selbst stets vom Pech verfolgt zu werden, während andere sich dauerhaft in ihrem Glück sonnen. Gustav Gans, um es mal im Micky Maus Stil zu charakterisieren, heißen immer nur die anderen. Sie kennen sicher den durchaus nicht unsympathischen Gänserich, dem, obwohl er Arbeit und Problemen ständig aus dem Weg geht, das Glück immer wieder vor die Füße fällt.

Doch der Schein trügt öfter als man glaubt, weil viele von uns dazu neigen, sich anderen gegenüber eine Art Glücks- und Erfolgsmaske aufzusetzen, frei nach dem Motto: Wie es dahinter aussieht, geht niemand was an! Warum ist das eigentlich so? Es gibt dafür sicherlich viele Gründe und daran haben zweifellos auch die Medien einen nicht unerheblichen Anteil, die uns permanent die Sonnenseiten des Lebens, die Erfolgreichen, die Mächtigen, die Reichen und die Schönen vor Augen führen, an denen wir uns doch so gerne orientieren und ihnen nachzueifern versuchen, selbst wenn uns dafür die notwendigen Voraussetzungen fehlen. Und die Werbung, die nahezu pausenlos aus dem Fernsehen, dem Radio, dem Internet und den Printmedien auf uns einhämmert, versucht uns obendrein in oft erschreckend dämlicher Heiterkeit weiszumachen, dass wir uns mit diesen oder jenen Produkten oder Dienstleistungen unser Glück dauerhaft erkaufen können. Glücksgefühle wie Gustav Gans also. So hecheln immer mehr Menschen, die sich an derart fragwürdigen Leitmotiven zu orientieren versuchen, ihrem Glück ein Leben lang verzweifelt hinterher, ohne es jemals einholen zu können. Dabei geraten leider viel zu viele ins Straucheln oder brechen sich gar das Genick.

Zunehmend weniger Menschen kommen mit den oft sehr harten Anforderungen im grauen Alltag zurecht und flüchten sich daher in virtuelle Scheinwelten, die es ihnen zumindest dort erlauben, ihren Wünschen und Träumen ungehindert nachzugehen. Derartige „Flüchtlinge" begegnen uns überall. Sie sind unentwegt mit ihren Smartphones beschäftigt und taumeln, von Musik aus Ohrstöpseln beschallt, durch die reale Welt, ohne diese richtig wahrzunehmen. Hans Guck in die Luft, ich meine den aus dem guten alten Struwwelpeter, hat ja wenigstens noch in den realen Himmel gestarrt, aber heutige Generationen starren stattdessen auf Displays, leider nicht nur im Sitzen, sondern auch im Stehen oder Gehen und - völlig unverantwortlich - sogar im Fahren. Gehen Sie ihnen im eigenen Interesse bitte aus dem Weg, denn sie haben für die Realität leider keinen Blick frei und rennen Sie im Zweifelsfall über den Haufen, ohne es selbst zu bemerken. Sie versuchen auf diese Art, die oft verhasste irdische Welt zu meiden, weil sie dort längst keine richtige Orientierung und keinen Halt mehr finden, weil dort unendlich viele Unannehmlichkeiten und Belastungen lauern. Von anderen belogen, betrogen, geschädigt oder übervorteilt, im Stich gelassen und ungerecht behandelt zu werden ist heutzutage leider an der Tagesordnung. Diese Ängste sind zwar durchaus berechtigt, aber letztlich müssen wir uns alle der Realität stellen und versuchen, das Beste daraus zu machen. Das gilt insbesondere auch für die Smartphone-Fetischisten.

Doch was ist denn eigentlich das Beste? Diese Frage muss zwar jeder für sich selbst entscheiden, aber es gibt zumindest ein paar Wegmarken, die uns dabei helfen können, den richtigen Weg durch ein erfülltes Leben zu finden. Man stößt jedoch nur darauf, wenn man sich ernsthaft mit wichtigen existenziellen Fragen auseinandersetzt, die uns alle gleichermaßen betreffen. Fragen etwa wie: Wo kommen wir eigentlich her? Warum sind wir auf der Welt? Was ist der Sinn des Lebens? Gibt es einen Gott? Was passiert mit uns, wenn wir sterben?

Viele kluge und namhafte Autoren haben sich mit diesen Themen in zahlreichen wissenschaftlichen und spirituellen Werken sehr intensiv beschäftigt. Was könnte daher so einer wie ich dazu also noch Wesentliches an neuen Erkenntnissen beitragen? Nichts, um es gleich vorab zu sagen. Aber das ist auch nicht mein Anspruch mit dem vorliegenden Buch. Ich möchte Ihnen vielmehr mit meinen Worten in möglichst anschaulicher Form eine Art Konzentrat der grundlegenden und wichtigsten Aspekte aufzeigen, die ich aus sehr vielen Büchern mit dieser Thematik herausgefiltert und entsprechend aufbereitet habe. Dies erscheint mir deshalb sinnvoll und notwendig zu sein, weil ich selbst zwar auf eine Reihe von guten, aber nicht selten auch langatmigen, weitschweifigen, detailreichen, schwer verständlichen und wenig anschaulichen Werken gestoßen bin. Leider allzu oft eine schwer verdauliche Kost, die wohl auch deshalb nicht in wünschenswertem Umfang konsumiert wird, obwohl diese Thematik doch für uns alle von elementarer Bedeutung ist. Und jedem dieser Bücher liegt meistens auch ein besonderer Schwerpunkt und damit nur ein kleiner Teilausschnitt vom Ganzen zugrunde, wenn Sie so wollen. Was ich mir als Leser allerdings gewünscht hätte und was mir für einen Überblick über die sehr weitreichende Thematik sehr hilfreich gewesen wäre, nämlich ein möglichst kurzes und den-

10

noch anschauliches Kompendium der wesentlichen Aspekte, habe ich bisher leider noch nicht gefunden. Ich habe zwar schon mit einigen Büchern in Romanform versucht, diesem Anspruch gerecht zu werden (siehe „Eigene Veröffentlichungen zur Thematik"), aber dennoch erscheint mir darüber hinaus auch eine Kurzfassung und Handlungsanleitung zweckdienlich zu sein. Ich hoffe, sie kann denjenigen unter Ihnen, die sich noch etwas intensiver mit dieser Materie befassen möchten, als Inspirations- und Informationsquelle dienen. Sie finden daher in den Literaturhinweisen eine kleine Auswahl der von mir gelesenen und als interessant erscheinenden Werke als Anregung, die allerdings keinen Anspruch auf Vollständigkeit erheben kann.

Gestatten Sie mir vorab nur noch eine kurze Anmerkung zu meiner Person, damit Sie das Buch und seinen Autor auch richtig einschätzen können. Ich bevorzuge es, den Lesern in meinen Büchern sachlich komplexe Themen anhand von möglichst anschaulichen Beispielen, mitunter leicht gewürzt mit einer Prise Humor, zu vermitteln, wohl wissend, dass Vergleiche immer mehr oder weniger zu hinken drohen. Dennoch scheinen sie mir ein probates Mittel zu sein, auch relativ schwere Kost möglichst leicht verdaulich präsentieren zu können.

In diesem Sinne wünsche ich Ihnen eine spannende und hoffentlich auch etwas amüsante Lektüre.

Kapitel 1: Der Mensch als Ganzes

„Das Ganze ist mehr als die Summe seiner Teile!". Dieses Zitat des griechischen Philosophen Aristoteles aus dem vierten Jahrhundert vor Christi Geburt scheint mir auf das vorliegende Kapitel geradezu zugeschnitten zu sein. Was hinter dieser genialen Botschaft steckt, mag ein simples Beispiel anschaulich verdeutlichen. So besteht zwar selbst die schönste Melodie letztlich nur aus einzelnen simplen Tönen, die aber erst durch ihr Zusammenwirken in einer entsprechenden Komposition ihre bezaubernde Wirkung auf uns entfalten können. Auch der Mensch ist weitaus mehr als Haut und Knochen, womit nicht nur die Hageren und Dünnen unter uns gemeint sind. Ich sollte der Vollständigkeit halber an dieser Stelle auch noch die Organe erwähnen, doch selbst die sind zwar bis in Kleinste medizinisch erforscht, können aber dennoch keine Auskunft über das menschliche Wesen und seine Charaktereigenschaften geben. Ob wir klug oder dumm, clever oder einfältig, selbstlos oder egoistisch, friedlich oder streitsüchtig und vieles mehr sind, ist uns nun mal nicht auf die Stirn geschrieben. Unsere Wahrnehmungen, Gefühle und Empfindungen - oder salopp formuliert unser Inneres - machen uns letztlich weit mehr aus als unsere äußere Erscheinung. Doch was versteht man denn eigentlich unter „unser Inneres", womit ausdrücklich nicht die bereits erwähnten inneren Organe gemeint sind? Um diese Frage zu beantworten kommt man nicht umhin, neben dem Körper auch über Begriffe wie Geist und Seele zu sprechen, völlig unabhängig davon, welche theologischen oder spirituellen Meinungen und Ansichten man präferiert. Ob man an ein göttliches Wesen glaubt oder nicht, bleibt jedem von uns selbst überlassen. Ich persönlich gehöre zu denen, die an eine göttliche Existenz glauben, an einen Schöpfer dieses einzigartigen Universums, in dem wir auf unserem Planeten Erde nur einen winzig kleinen Platz einnehmen. Allerdings weicht sie in einigen Punkten zum Teil deutlich von dem ab, was mir Kirchenvertreter und Religionslehrer vor vielen Jahren vermittelt haben. Dafür gibt es berechtigte Gründe, auf die ich im Einzelnen noch näher eingehen werde.

Doch zurück zum Menschen. Allgemein könnte man einen Menschen in seiner Gesamtheit als ein in einem menschlichen Körper inkarniertes Geistwesen charakterisieren, wobei mir, auch um der Gefahr von Missverständnissen vorzubeugen, folgende Formulierung treffender erscheint: Der Mensch als Ganzes ist ein Wesen mit einem Geist und einer Seele, die mit dem menschlichen Körper bis zu dessen Tod verbunden sind. Nähere Ausführungen über den menschlichen Körper erspare ich Ihnen und mir an dieser Stelle - nicht nur auf die Gefahr hin, dass Sie es im Zweifelsfall besser wissen als ich - und möchte mich stattdessen gleich den Begriffen Seele und Geist zuwenden.

Unter Seele möchte ich vereinfacht die Gesamtheit aller menschlichen Gefühle und Emotionen subsumieren wie beispielsweise Angst, Ärger, Wut, Hass, Neid, Eifersucht, Mitleid, Freude, Liebe und vieles mehr. Für den Zeitraum einer irdischen Existenz könnte man daher auch den Begriff Seele weitestgehend mit der menschlichen Psyche gleichsetzen, wobei letztere allerdings mit dem Tod des Menschen „erlischt". Was dagegen mit der Seele nach dem leiblichen Tod passiert oder treffender formuliert, wovon ich aufgrund meiner umfangreichen Literaturrecherchen überzeugt bin, darauf möchte ich in den nächsten Kapiteln zurückkommen.

Fehlt an dieser Stelle noch eine möglichst anschauliche Erläuterung für den Begriff Geist, der die Fülle unserer geistigen Fähigkeiten wie zum Beispiel Wahrnehmen, Beobachten, Vorstellungskraft, Phantasie, Erinnerungsvermögen, Einschätzen, Gewichten, Werten, Entscheiden etc. umfasst. Unser Geist und unsere Seele charakterisieren uns letztlich, wobei man für die beiden auch den zusammenfassenden Begriff Geistseele oder Bewusstsein verwenden kann.

Das Zusammenwirken von Körper, Geist und Seele beim Menschen möchte ich etwas anschaulicher verdeutlichen. Eine brenzlige Situation während einer Autobahnfahrt zum Beispiel kann beim Geist eines Menschen spontan die Erinnerung an

einen eigenen schweren Autounfall in der Vergangenheit aus-
lösen, auf den seine Seele mit heftigen Angstgefühlen und sein
Körper infolge dessen mit Angstschweiß und Zittern reagieren.
Vielleicht noch ein anderes Beispiel. Nehmen wir mal an, Sie
sind beim Heckenschneiden samt Leiter umgefallen, zum
Glück nicht weiter schlimm, worauf Ihr Körper aber dennoch
mit Schmerzen an entsprechender Stelle reagiert. Das „Sie" im
vorhergehenden Satz sollte ich vielleicht doch besser in ein
„Ich" umwandeln, weil Ihnen im Gegensatz zu mir so etwas
vermutlich nie passieren würde. Machen wir also weiter im
Text. Weitaus schlimmer noch als die körperlichen Schmerzen
empfände „Ich" allerdings den Hohn und Spott meiner Nach-
barn, meiner Frau oder meiner Kinder, worauf ich, oder kon-
kreter meine Seele mit Schamgefühlen reagieren würde, ich
selbst einen hochroten Kopf bekäme und mein Geist sich wiederum blitzschnell eine plausibel erscheinende Erklärung für
die Unvermeidlichkeit dieses Sturzes ausdenken würde, obwohl er genau wüsste, dass ich die Leiter in meiner Tollpat-
schigkeit nicht richtig oder nicht sicher genug aufgestellt hatte.
Gleichzeitig, das nehme ich jetzt einfach mal zu meinen Gunsten an, würde mein Geist aber den Fehler analysieren und ich
würde mir vornehmen, mich beim nächsten Mal nicht so däm-
lich anzustellen. Falls Ihnen meine Vergleiche nicht gefallen
oder etwas hinkend erscheinen sollten, hindert Sie natürlich
niemand daran, es einfach selbst einmal mit einem besseren

oder anschaulicheren Beispiel für die Unterschiede und das Zusammenwirken von Körper, Geist und Seele zu versuchen. Sie könnten es dann zweckmäßigerweise am besten gleich hier handschriftlich ergänzen.

Kapitel 2: Und die Energie?

Woher kommen wir eigentlich und was passiert mit uns, wenn wir sterben? Dass unser Körper seinen Ursprung im Mutterleib hat und dass er nach dem Tod üblicherweise als Ganzes in einer Sargkiste oder als Asche zerbröselt in einer Erdgrube auf einem Friedhof landet, kann getrost unter Binsenweisheiten abgehakt werden. War es das also für uns Menschen? Oder ruhen wir, bestimmten religiösen Vorstellungen entsprechend, in einer mehr oder weniger komfortablen Holzkiste sechs Fuß unter der Erde bis zum Jüngsten Tag, an dem wir alle wieder auferstehen, vor unseren göttlichen Richter treten müssen und je nach dem, wie wir uns auf dem Planeten Erde verhalten haben, entweder in der Hölle oder im Himmel landen oder zuvor noch eine Weile im Fegefeuer schmoren müssen? So hat man es mir jedenfalls in Kindertagen in der katholischen Kirche und im Religionsunterricht in der Schule zu vermitteln versucht. Als junger Mensch habe ich daran tatsächlich noch eine ganze Weile geglaubt, bis sich mit zunehmendem Verstand - das behaupte ich jetzt einfach mal - bei mir erste Zweifel daran einschlichen, die während meines Studiums der Elektrotechnik zwangsläufig zunehmen mussten. Denn wer sich als Student mit dem Energieerhaltungssatz beziehungsweise mit dem ersten und zweiten Hauptsatz der Thermodynamik herumplagen muss, der sollte wissen, dass - hier ganz bewusst nur knapp und unwissenschaftlich salopp formuliert - Energie weder erzeugt noch vernichtet, sondern immer nur in andere Energieformen umgewandelt werden kann. Wenn wir also von Energieverbrauch reden, ist das eigentlich unzutreffend und müsste korrekt Energieumwandlung heißen. Aber das nur am Rande. Auch ein so genanntes Perpetuum mobile, also eine Maschine, die nur einmal angetrieben auf Dauer ohne weitere Energiezufuhr funktioniert, ist unmöglich. Um bei einem anschaulichen Beispiel zu bleiben, selbst das windschnittigste Auto mit minimalem Rollwiderstand bleibt irgendwann auf ebener Strecke stehen, wenn ihm während der Fahrt der Sprit ausgeht und dadurch der Antriebsmotor nicht mehr mit Energie versorgt werden kann. Das kann ich Ihnen aus leidvoller Erfahrung jedenfalls versichern.

Nicht nur Maschinen, sondern auch Menschen, Tiere und Pflanzen benötigen zum Funktionieren bekanntlich Energie. Bleiben wir bei der menschlichen Gattung, die sich durch Essen und Trinken mit der notwendigen Energie versorgt, wobei natürlich auch die Luft zum Atmen nicht vernachlässigt werden darf, denn ein Mensch kann im Notfall zwar wochenlang auf Essen und notfalls auch ein paar Tage auf Flüssigkeitsaufnahme verzichten, aber ohne Sauerstoff nur wenige Minuten überleben. Ohne Luft funktioniert es bekanntlich auch nicht beim oben erwähnten Auto mit Verbrennungsmotor, obwohl es daran in meinem Fall ausdrücklich nicht gelegen hatte.

Doch zurück zum Menschen. Man muss kein Mediziner sein, um behaupten zu dürfen, dass bei uns über kurz oder lang „der Ofen aus ist", wenn wir nichts mehr essen und trinken oder wenn uns die Luft abgedreht wird. Mancher formuliert den Tod eines Menschen auch etwas despektierlich mit: „Er hat seinen Geist aufgegeben!" Dem könnte man allerdings nur unter der Voraussetzung zustimmen, wenn mit dem körperlichen Ableben unweigerlich auch ein untrennbar mit dem Körper verbundener Geist beziehungsweise die Geistseele sterben würde. *Wer wollte daran ernsthaft zweifeln,* dachte sich seinerzeit auch der Student der Elektrotechnik und versuchte sich schweren Herzens von seinem kindlichen Glauben an einen Gott zu lösen, womit er sich durchaus im Einklang mit dieser unter Wissenschaftlern und Ingenieuren seinerzeit weit verbreiteten Meinung befand. Eine Weile gelang mir das auch, bis mir eher durch Zufall ein Buch der Schweizer Ärztin Dr. Elisabeth Kübler-Ross in die Hände fiel, das den Titel „Interviews mit Sterbenden" trug, in dem sie neben den verschiedenen Phasen des Sterbens auch von außerkörperlichen Erfahrungen und Erlebnissen ihrer Patienten im Jenseits berichtete, also über so genannte Nahtoderfahrungen. Da Frau Kübler-Ross offenbar selbst auch eine derartige Erfahrung gemacht hatte, war sie überhaupt nicht bereit, die zum Teil heute noch verbreitete Ansicht, dass seien alles nur Hirngespinste oder Halluzinationen, zu teilen. Meine Neugier für diese Thematik war jedenfalls mit einem Schlag geweckt, die ich damals allerdings mangels weiterer Recherchemöglichkeiten und Literaturquellen sowie auch aus Zeitmangel wegen vielfältiger irdischer Aktivitäten und Probleme in Bezug auf Ausbildung, Beruf und Familie leider noch nicht zu befriedigen vermochte. Damit blieb auch mein Problem, dass das doch eigentlich mit einem vom Körper losgelösten und damit auch von der körperlichen Energiezufuhr abgeschnittenen Geist energietechnisch überhaupt nicht funktionieren könne, leider ungeklärt. Diesbezüglich etwas Licht ins Dunkle zu bringen, war mir erst viele Jahre später vergönnt.

Kapitel 3: Wer´s glaubt wird selig

Doch zurück zur Ausgangsfrage im vorigen Kapitel, zu der ich an dieser Stelle der Vollständigkeit halber noch ergänzen möchte: Gibt es überhaupt einen Gott, den Teufel und das Jenseits? Viele Menschen beschäftigen sich überhaupt nicht oder nicht mehr mit derartigen Fragen, auf die man ohnehin von niemand eine verbindliche Antwort erwarten kann. Davon zeugen nicht nur die vielen Kirchenaustritte, die bei mir allerdings auch im Verdacht stehen, dass sich zumindest der eine oder andere damit primär der Kirchensteuerpflicht entziehen will. Ich möchte das keineswegs abwerten, denn Kirche und Glauben sind auch nach meiner Überzeugung zwei paar völlig unterschiedliche Schuhe. Glauben ohne Kirche geht sehr wohl, aber Kirche ohne Glauben? Unmöglich! Viele beklagen sicherlich nicht zu Unrecht Reichtum, Macht sowie gesellschaftlichen und politischen Einfluss der Kirche, Missbrauchsskandale und vieles mehr, aber andererseits erachte ich persönlich diese Institution zumindest als Wertevermittler für bedeutsam, gerade deshalb, weil in der heutigen Zeit Tugenden und Werte selbst von Eltern, Erziehern und Pädagogen leider in zunehmendem Maße dem Zeitgeist geopfert werden, ohne diesbezüglich pauschalisieren zu wollen. Die Kirche bietet zudem vielen Menschen in schweren Zeiten wichtigen Trost und Halt. Außerdem - und jetzt folgt ein wenig christliches Argument - ich liebe ich es, mir auf Reisen oder im Urlaub beeindruckende Kirchenbauten anzusehen. Soweit ich das beurteilen kann, bin ich damit bei weitem nicht der Einzige. Meine persönliche Einstellung zum Thema Religion und Kirche ist aber letztlich für den Inhalt dieses Buches irrelevant.

Jedenfalls sollte man zumindest bei seiner Entscheidung über den Glauben und eine Religionszugehörigkeit sorgfältig das Für und Wider abwägen, denn den Glauben an einen Gott, ohne weiter darüber nachzudenken, einfach als Kokolores abzutun hielte ich genau so für falsch wie einen blinden Glauben, nur weil ihn Religionen und Kirchen uns vorzuschreiben versuchen.

Was spricht also für das eine oder für das andere und was spricht dagegen? Darüber ist schon so viel geschrieben worden, dass ich dazu nur beispielhaft ein paar Fragen und diesbezügliche Denkanstöße aus meiner Sicht aufwerfen kann, aber Ihnen die dazu passend erscheinenden Antworten gerne selbst überlassen möchte.

Ist das Universum mit allem, was dazu gehört, also Galaxien, Sonnensysteme, Planeten und Lebewesen, wirklich nur rein zufällig, ausgelöst durch einen Big Bang vor fast vierzehn Milliarden Jahren, entstanden, wie uns zum Teil sehr namhafte

Wissenschaftler zu vermitteln versuchen? Es gibt sehr viele, die diese Frage daher uneingeschränkt mit ja beantworten würden. Aber bei mir stellt sich diesbezüglich unweigerlich die Frage, wo denn die dafür notwendige „Rezeptur und die notwendigen Zutaten" auf einmal herkamen und wer damals „die Zündschnur" angesteckt hat. Ich vertrete nun mal die Auffassung, dass von nichts auch nichts kommen kann. Allerdings wüsste ich auch keine Antwort auf die Frage, woher denn ein göttlicher Schöpfer kommt, um ehrlich zu sein. Dennoch ist der Glauben daran weltweit verbreitet, wenn auch von Religion zu Religion durchaus große Unterschiede bestehen. Ist das alles völlig aus der Luft gegriffen oder spinnen sogar weltweit Milliarden Menschen mit ihrem Glauben an etwas, was doch letztlich kein Mensch beweisen kann, selbst diejenigen nicht, die über Nahtoderfahrungen berichten? Nahtod ist letztlich nicht wirklich tot, geben Kritiker daran nicht zu unrecht zu bedenken.

Vielleicht merken Sie schon, worauf ich hinaus will. Man kann es drehen und wenden wie man will, ob mit Gott oder lieber doch gottlos, niemand vermag diesbezüglich einen Beweis zu erbringen, weder dafür noch dagegen. Letztlich bleibt es so oder so Glaubenssache. Ein Argument, auf das die so genannten Agnostiker gerne zurückgreifen und deshalb keine weiteren Gedanken daran verschwenden. Auch eine Möglichkeit, aber keine für mich, um ehrlich zu sein, denn ich neige grundsätzlich dazu, mich für oder gegen etwas zu entscheiden, weil ich einfach feste Standpunkte im Leben brauche und dafür jeweils nach entsprechenden Argumenten suche, wohlgemerkt nicht nur in Bezug auf den Glauben. Warum? Bei einem „vielleicht" oder „vielleicht auch nicht" läuft man meines Erachtens zu sehr Gefahr, permanent wie ein Blatt im Wind zu schwanken. Lassen Sie uns daher einfach mal für den Glauben ein paar Argumente beziehungsweise Gegenargumente aufzeigen. An Ihnen liegt es dann, unter Abwägung dieser Argumente eine Entscheidung dafür oder dagegen zu treffen, so wie wir es auch bei einer Vielzahl rein irdischer Fragen und Probleme zu tun pflegen, denn ohne Glauben - ob Sie es glauben oder nicht - geht es im Leben einfach nicht. Wenn Sie sich zum Beispiel für eine bestimmte Ausbildung entscheiden, weil Sie vermuten (also glauben!), dass diese genau das Richtige für Sie ist, dann wissen Sie letztlich auch erst hinterher, ob sie damit richtig lagen oder nicht. Das gleiche gilt auch bei Ihrer Entscheidung für einen bestimmten Beruf oder Arbeitgeber, für einen bestimmten Partner, für eine Familie mit Kindern, für ein Haus und für vieles mehr. Man könnte diese Beispiele beliebig weiter fortsetzen. Das Mindeste, was all diesen Entscheidungen jeweils zugrunde liegen sollte, ist eine reifliche Überlegung vorab, ein sorgfältiges Abwägen des Für und Wider, was uns letztlich im jeweiligen Glauben daran bestärkt, ohne zu wissen, ob dem auch tatsächlich so ist oder so sein wird. Warum sollte man ausgerechnet beim Thema religiöser Glauben anders verfahren?

Wie ich bereits erwähnt hatte, gehöre ich zu denen, die sich bewusst für den Glauben an einen Schöpfer entschieden haben, trotz zwischenzeitlicher Zweifel daran. Diesem Glauben geht auch in meinem Fall eine reifliche Überlegung, ein Abwägen von für und wider voraus. Kein blinder Glaube also. Ich versuche Ihnen daher einfach mal zu erläutern, weshalb ich zu dieser Überzeugung gelangt bin. Vielleicht hilft es dem einen oder anderen noch Unschlüssigen ja ein kleines bisschen dabei, für sich selbst zu einem Ergebnis zu kommen, selbst wenn es ein anderes als bei mir sein sollte.

Ein Argument von mir kennen Sie ja bereits. Von nichts kommt nichts, lautet es, denn diese triviale Feststellung haben wir sicherlich alle in unserem Leben schon mehr als einmal gemacht. So sind wir uns wohl auch einig darin, dass wir, wenn wir beispielsweise in einem Raum eine Leinwand, eine Staffelei, Pinsel und Farben deponieren, den Raum abschließen und Big-Bang-getreu erst nach ein paar Milliarden Jahren wieder aufschließen würden, höchstwahrscheinlich kein meisterliches Gemälde auf der Leinwand vorfinden würden, denn obwohl wir alle notwendigen Zutaten bereitgestellt hätten, würde uns dennoch ein ausführendes Organ beziehungsweise ein Schöpfer für das gewünschte oder erhoffte Ergebnis fehlen, sofern sich nicht doch einer klammheimlich eingeschlichen haben sollte. So weit, so gut!

Es liegt mir fern, hier eine Fülle von mehr oder weniger guten Argumenten oder Gegenargumenten anzuführen, die alle angreifbar sind, weil letztlich doch kein Beweis erbracht werden kann, weder dafür noch dagegen. Apropos dagegen. Wichtig erscheint mir an dieser Stelle der Hinweis, dass der Beweis einer Nichtexistenz, von was auch immer, grundsätzlich ungleich schwieriger ist als ein entsprechender Gegenbeweis, es sei denn, die Behauptung wäre an sich widersprüchlich. Schwer verständlich? Zugegeben! Da hilft am besten wieder ein Beispiel, aber Sie kennen das ja mittlerweile.

Man kann zwar beweisen, dass es keine kinderlosen Väter gibt, denn entweder hat man(n) ein oder mehrere eigene Kinder, dann ist man definitiv ein Vater, oder man hat keine, aber dann ist man kein Vater, sondern „nur" ein Mann. Für das „nur" bitte ich alle Betroffenen ausdrücklich um Entschuldigung, denn das kann durchaus auch ein Segen sein, wenn man sich manch kindliches und von jeglicher Erziehung ungetrübtes Verhalten mal vor Augen hält. Sei ′s drum, der Beweis einer Nichtexistenz von kinderlosen Vätern ist jedenfalls nur deshalb möglich, weil die Behauptung an sich widersprüchlich ist. Dagegen könnte man einen Mann, der mit dem Brustton der Überzeugung behauptet, es gäbe keine Kinder von ihm, eventuell doch als Vater entlarven, sofern es gelingen würde, ihn auf Basis eines Vaterschaftstests beweiskräftig zu überführen. Ich lege an dieser Stelle großen Wert auf die Feststellung, dass etwaige Ähnlichkeiten mit Lesern dieses Buches völlig unbeabsichtigt sind und rein zufällig wären.

Eines darf ich jedoch mit Fug und Recht behaupten, nämlich dass - wie gerade erläutert - niemand zu beweisen vermag, dass es keinen Gott gibt. Insofern erscheint mir zumindest die Annahme, dass es einen geben könnte, empfehlenswerterer zu sein, als grundsätzlich von einer Nichtexistenz Gottes auszugehen. Mit anderen Worten: Den Rat, trotz fehlender Überzeugung rein vorsorglich einen Gott zumindest nicht völlig auszuschließen und sich deshalb in seinem Leben neben rechtlichen auch an göttlichen Vorgaben und Anforderungen zu orientieren, dürfte ich wohl guten Gewissens als einen wohl gemeinten Rat bezeichnen. Denn selbst wenn sich das irgendwann doch als Irrtum herausstellen sollte, hätte man zumindest einen wichtigen und positiven gesellschaftlichen Beitrag geleistet, und im Falle einer göttlichen Existenz mit Sicherheit die besseren Karten als ein gottloser Bösewicht, der sich durch nichts von seinen Missetaten abhalten lässt. Das dürfte man wohl auch einem redlichen und guten Atheisten zugute halten, denn für Gott werden vermutlich die Taten zählen, aber keine noch so schönen, aber leeren Glaubensbekundungen.

Was viele von einem Glauben an Gott abhält, sind sicherlich auch die Wahrnehmungen einer Welt voller Not und Elend,

von schrecklichen Kriegen und Grausamkeiten, von Unbarm-
herzigkeit und Ungerechtigkeit und vieles mehr, die sich „auf
den ersten Blick" nicht ansatzweise mit dem Bild eines gütigen
Gottes vereinbaren lassen. Was ist das für ein Gott, der diesem
unseligen Treiben scheinbar tatenlos zusieht, ohne sich schüt-
zend vor die Gepeinigten, Gequälten und Unterdrückten zu
stellen, fragen sich viele. Aber dürften wir Gott für das Elend
dieser Welt verantwortlich machen? Wenn er angeblich all-
mächtig ist, dann könnte er doch das weltweite Elend sicherlich
mit einem Federstrich beenden, wenn er nur wollte. Falls es ihn
wirklich geben sollte, ist es dann nicht ein grausamer Gott?
Warum tut er denn nichts gegen dieses Unrecht?

Derartige Fragen habe ich mir selbst sehr oft gestellt und
leider sehr lange keine Erklärung dafür gefunden, jedenfalls
keine plausible. Auch das hatte wesentlichen Anteil daran, dass
ich über viele Jahre eher skeptisch in Bezug auf den Glauben
war, ohne ihn jemals ganz ablegen zu können. Eine Art instink-
tiver Glaube war jedenfalls trotz aller Vorbehalte immer bei
mir vorhanden. Antworten auf die vor genannten Fragen habe
ich erst im Rahmen meines selbst verordneten Literaturstudi-
ums gefunden, die aus meiner Sicht zwar einleuchtend sind,
mich aber dennoch nicht ganz zufrieden stellen. Um ehrlich zu
sein, würde ich mir gerne für uns Menschen eine Art Verbre-
chens- und Grausamkeitsbegrenzung wünschen, die es jedem
von uns unmöglich macht, dieses Limit zu überschreiten, im

Prinzip etwa vergleichbar einem Tempomaten bei Kraftfahrzeugen, der, selbst wenn man noch so stark aufs Gaspedal tritt, eine Überschreitung der vorgegebenen Höchstgeschwindigkeit nicht zulässt. Übertragen auf körperliche Gewalt und Grausamkeiten dürfte mit einer entsprechenden Begrenzung meinetwegen nicht mehr als ein Tritt in den Hintern oder eine Backpfeife erlaubt sein. Aber wäre das tatsächlich des Rätsels Lösung? Wohl kaum, denn genau so, wie man bei einem Fahrzeug mit Geschwindigkeitsbegrenzung dennoch jemand absichtlich überfahren kann, könnte auch ein scheinbar harmloser Tritt in den Hintern an einer gefährlichen Stelle tödlich enden, etwa wenn der Betroffene dadurch ins Straucheln geraten, unglücklich stürzen und sich den Hals brechen würde. Also noch weiter herunter mit dem Limit? Aber wo sollte das enden? Vermutlich beim Auto mit Tempo Null und in Bezug auf körperliche Gewalt allerhöchstens beim Werfen von Wattebäuschen. Mein naiver Begrenzungswunsch ist letztlich also doch nicht richtig durchdacht. Diesen Vorwurf müsste ich jedenfalls gegen mich gelten lassen. Der liebe Gott hat es mit dem freien Willen, den er all seinen Kindern in die Wiege gelegt hat, halt anders entschieden. Doch ich spreche jetzt vermutlich in Rätseln zu Ihnen und sollte stattdessen mal wieder ein anschauliches Beispiel aus meinem Zylinderhut ziehen. Also gut!

Nehmen wir mal an, Sie hätten ein Kind großgezogen und ihm alles an Tugenden und Werten vermittelt, was einen guten und redlichen Menschen kennzeichnet. Könnte man demzufolge grundsätzlich ausschließen, dass Ihr Kind trotzdem irgendwann auf die schiefe Bahn gerät? Wohl kaum, weil es grundsätzlich tun und lassen kann, was ihm in den Sinn kommt, spätestens wenn es erwachsen ist. Schließlich hat auch Ihr Kind seinen freien Willen, wie jeder Mensch. Nehmen wir daher weiter an, dass sich dieses Kind trotz allerbester Erziehung irgendwann doch zu einem gewalttätigen Verbrecher entwickelt hätte, aus welchen Gründen auch immer. Eine schreckliche Vorstellung, ich weiß, aber so etwas passiert leider viel öfter, als man annehmen sollte. Wie könnte man als verantwortungsbewusster Vater oder Mutter die schrecklichen Folgen einer derartigen Fehlentwicklung ausschließen, wenn sie nicht vorauszusehen, und selbst wenn, dennoch aufgrund des freien Willens nicht zu verhindern wären? Überhaupt nicht oder allenfalls durch lebenslangen Freiheitsentzug und totale Überwachung des Schützlings in Form von Einzelhaft. Müsste das dann nicht vorsichtshalber für uns alle gelten, weil man ja auch für sich selbst ein entsprechendes Fehlverhalten nicht garantiert ausschließen kann, selbst wenn es noch so unwahrscheinlich erscheinen sollte? Aber wäre das dann noch ein lebenswertes Leben? Mehr noch, mit welcher Rechtfertigung wollten wir den in jeder Beziehung vorbildlichen Eltern eines grausamen Massenmörders - ja, auch so etwas gibt es - Vorwürfe für die ausschließlich ihrem Sprössling zuzuschreibenden Vergehen machen, ihnen die Schuld und die Verantwortung dafür zuschieben oder sie gar als ungerecht und grausam verurteilen? Die Antwort darauf kann nur lauten: Es gäbe keinerlei Rechtfertigung dafür! Aber viele, die den Vater im Himmel zur Weihnachtszeit im schönen Lied „Ihr Kinderlein kommet" so inbrünstig besingen, erlauben sich ihm gegenüber dennoch, das zu tun. Warum eigentlich? Eine Erklärung hierfür kommt mir spontan in den Sinn. Wenn ich Gott letztlich alle Verantwortung für Not, Elend und Grausamkeiten auf dieser Welt zuschiebe, gebe ich mir selbst die Legitimation, vom Glauben an ihn abfallen und ein rücksichtsloses egoistisches Leben getreu dem mir unsäglich erscheinenden Motto einer Selbstverwirklichung führen zu dürfen.

Zurück zu den irdischen Übeltätern. Was bleibt dem Vater im Himmel also sonst noch für eine Möglichkeit, falls er seine göttliche Schöpfung nicht völlig über den Haufen werfen sollte oder wollte, als ihnen allen ausnahmslos eine Sühnemöglichkeit für ihre Schuld einzuräumen, ob in diesem oder in einem anderen Leben und in welcher Form auch immer. Für die Betroffenen vermutlich eine sehr unangenehme, letztlich aber eine gerechte Lösung. Jedenfalls weitaus gerechter als die fehler- und lückenbehaftete irdische Justiz, oder?

Ich hoffe, der liebe Gott verzeiht mir, dass ich versucht habe, mir seinen Kopf zu zerbrechen, denn das steht weiß Gott niemand zu, zumal jedem von uns das dafür notwendige Hintergrundwissen fehlt. Betrachten Sie daher auch diese Überlegungen bitte nur als den Versuch eines Denkanstoßes und ziehen Sie Ihre eigenen Schlüsse daraus.

Kapitel 4: Üb immer Treu und Redlichkeit

... bis an dein kühles Grab." Ein aus heutiger Sicht sicherlich gewöhnungsbedürftiger Liedtext aus dem 18. Jahrhundert, obwohl die durchaus schöne Melodie von keinem Geringeren als Wolfgang Amadeus Mozart stammt. Vielleicht kennen Sie diesen uralten Schinken - der selige Amadeus möge mir diese despektierliche Bemerkung verzeihen - ja auch gar nicht. Ich halte seine erste Zeile allerdings als Kapitelüberschrift an dieser Stelle für bestens geeignet.

Bleiben wir daher doch einfach mal bei dem Thema Redlichkeit. Wenn Sie dieses Buch in der Hand halten, dann sind Sie ganz bestimmt ein redlicher Mensch, davon bin ich jedenfalls fest überzeugt. Warum? Nun, nach meiner Logik und Erfahrung lesen unredliche Menschen wohl kaum ein Buch mit diesem Thema und treiben stattdessen viel lieber ihr Unwesen, natürlich in der Hoffnung und dem Glauben, nicht dabei erwischt zu werden und so einer irdischen Strafe zu entgehen. Auch dort also Glauben. Leider werden nach meiner Auffassung viel zu viele tatsächlich nicht erwischt. Sie sind vermutlich der gleichen Ansicht, denn weder Sie noch ich wären, selbst wenn man uns den Plan für ein perfektes Verbrechen liefern würde, bei dem uns garantiert niemand auf die Schliche käme und wir damit auf einen Schlag steinreich werden könnten, wohl dazu zu bewegen, diesen Plan in die Tat umzusetzen. Nicht nur wegen der unterschwellig dennoch spürbaren Angst vor einer Bestrafung, sondern viel mehr, weil wir uns aus Überzeugung nicht vom Pfad der Tugend abbringen lassen würden, weil wir ein schlechtes Gewissen dabei hätten und vieles mehr. Von Ihrer Redlichkeit wäre ich sogar überzeugt, wenn Sie ein Atheist sein sollten, weil alle diejenigen, die ich kenne, ausnahmslos redlich sind, was im Umkehrschluss die nüchterne Feststellung zulässt, dass Tugend und Moral nicht zwingend einen Gott brauchen. Doch warum beachten die Redlichen unter uns diese Werte, selbst wenn sie Ungläubige sind, eigentlich? Vielleicht, weil ein friedliches und einvernehmliches Miteinander so etwas einfach voraussetzt? Doch bekanntlich reichen die zuständigen irdischen Institutionen für das Erlassen ethisch-moralischer Vorgaben sowie für deren Überwachung und Ahndung bei Verstößen dagegen nicht aus. Leidvolle Erfahrungen seit Menschengedenken und Kriminalitätsstatistiken nicht aufgeklärter Fälle geben davon ein beredtes Zeugnis. Wenn wir also an alle diejenigen denken, die sich unrechtmäßig und zu Lasten von anderen persönliche Vorteile verschaffen und dennoch durch die Maschen von irdischem Recht und Gesetz schlüpfen, wäre es dann nicht wünschenswert, wenn auch diese ihrer gerechten Strafe letztlich doch nicht entgehen könnten? Ich persönlich würde es mir jedenfalls wünschen. Setzen Gläubige etwa deshalb so viel Hoffnung auf einen überirdischen Obersheriff namens Gott, dem selbst der gerissenste Verbrecher nicht entgeht? Aber würden wir Gott damit letztlich nicht zu einem Erfüllungsgehilfen degradieren, der händereibend bis zum Jüngsten Tag auf alle Übeltäter wartet, um sie dann je nach Grad ihrer Verfehlungen entweder zur Hölle fahren zu lassen oder sie ins Fegefeuer zu befördern? Und dem guten Rest, zu dem sich natürlich alle selbst gerne zählen, würde er denen Einlass ins himmlische Paradies gewähren? Klingt aus Sicht der Guten doch gar nicht mal so schlecht, oder? Aber kann man die Menschen so einfach nur in Gute oder Böse und meinetwegen auch in besonders gute und besonders schlechte unterscheiden? Sicherlich nicht, jedenfalls habe ich in meinem Leben zwar sehr viele Menschen kennengelernt, aber noch keinen einzigen, den man als ausnahmslos gut oder als vollständig böse bezeichnen könnte. Für die Formulierung „ausnahmslos gut" im vorigen Satz möchte ich zur besseren Unterscheidung im Vergleich zu „redlich" gerne den Begriff „unfehlbar" verwenden. Unter diesem Aspekt wage ich zu behaupten, dass ausnahmslos alle Menschen hier auf der Erde etwas auf dem Kerbholz haben, die einen mehr und die anderen weniger, aber letztlich wir alle. Falls Sie an dieser Stelle jetzt voller Empörung und mit dem Brustton der Überzeugung aufschreien sollten: „Ich doch nicht, denn ich bin die rühmliche Ausnahme!", dann entschuldige ich mich natürlich in aller Form bei Ihnen und lasse Sie bei den folgenden Betrachtungen selbstverständlich außen vor. Sie sollten mir dann wenigstens zugute halten, dass ich Ihnen einige Zeilen vorher zumindest bescheinigt habe, dass ich Sie zu den Redlichen zähle. Widerspreche ich mir damit nicht selbst? Nein, denn unter redlich subsumiere ich alle diejenigen, die sich immer an geltendes Recht und Gesetz halten, also noch nie in ihrem Leben eine Straftat begangen, noch nie falsch geparkt oder die Geschwindigkeit überschritten und auch bei der Steuererklärung immer nur wahre und vollständige Angaben gemacht haben. Damit kommen Sie doch als Redlicher wirklich nicht schlecht weg, oder?

Doch was unterscheidet die Redlichen letztlich von den Unfehlbaren? Ich will ´s mal so formulieren: Wenn Sie zudem noch niemals in Ihrem Leben andere belogen und betrogen oder ihnen ein falsches Zeugnis ausgestellt, sie verhöhnt, ausgelacht, beschimpft, beleidigt, gedemütigt oder verletzt haben, noch nie gehässig, missgünstig oder unfair zu anderen waren, dann sind Sie tatsächlich der einzige Unfehlbare, jedenfalls nach meinem Kenntnisstand. Und deshalb hielte ich es zumindest für gerecht und wünschenswert, wenn sich alle Menschen eines Tages vor einem himmlischen Richter dafür verantworten müssten. Aber wäre das nicht ein dauerhafter Knochenjob für ihn, und hätte er damit nicht bis in alle Ewigkeit mit entsprechenden Verurteilungen und Bestrafungen zu tun? Das halte ich offen gestanden für wenig wahrscheinlich. Also wenn ich der liebe Gott wäre, dann würde ich es jedenfalls anders handhaben, und das tut er auch, zumindest nach dem, was ich darüber gelesen habe. Bitte verzeihen Sie mir diese anmaßend oder gar despektierlich klingende Formulierung, mit der ich lediglich die Unwahrscheinlichkeit hierfür möglichst plastisch zum Ausdruck bringen wollte. Jedenfalls resultiert aus der von mir gelesenen Literatur anstelle eines Jüngsten Gerichtes eher eine Art Selbstjustiz für jedermann, um es mal salopp zu formulieren. Zugegeben, auch das klingt auf Anhieb eher unwahrscheinlich oder unglaubwürdig. Allerdings möchte ich erst in einem anderen Kapitel darauf etwas näher eingehen.

Kapitel 5: Seelenheil

„Ein gutes Gewissen ist ein sanftes Ruhekissen." Sie kennen diesen Spruch sicher, und dass alle Menschen ein Gewissen haben, sollte ebenfalls hinlänglich bekannt sein, obwohl man es bei manchen Zeitgenossen durchaus bezweifeln könnte. Als Techniker stelle ich mir das Gewissen vereinfacht als eine intelligente Waage vor, die alles, was wir tun oder lassen oder zu tun beabsichtigen, auf einer Art Tugend- und Moralskala abwägt und bei Überschreiten entsprechender Grenzwerte Alarm schlägt. Vor einer in diesem Sinne falschen oder unguten Handlung oder Tat warnt uns das Gewissen mit unserer inneren Stimme, auf die ich auch an anderer Stelle noch etwas näher eingehen möchte. Jedenfalls sollten wir auf diese innere Stimme tunlichst hören, um mit unserem Gewissen im Reinen zu sein, denn wenn wir das nicht tun, dann entstehen zwangsläufig Gewissensbisse, auf die unsere Seele entsprechend reagiert und beispielsweise Angstgefühle und daraus resultierend auch körperliches Unbehagen auslöst, das heißt, uns wird es plötzlich schlecht oder unser Blutdruck steigt, das Herz rast oder uns bricht der Angstschweiß verbunden mit zitternden Händen oder Knien aus. Ein jeder von uns mag darauf anders reagieren, aber unangenehme und ungesunde Gefühle werden sich wohl einstellen, vermutlich am ehesten an den wohl bei jedermann vorhandenen körperlichen Schwachstellen. Sicherlich kein Problem bei einem einmaligen Ausrutscher, so etwas steckt unser Körper relativ gut weg. Aber wie ist es, wenn man permanent und über Jahre oder gar Jahrzehnte den Bogen sich und/oder anderen gegenüber in irgendeiner Art und Weise moralisch überspannt? Auch ohne ein Mediziner zu sein darf man wohl davon ausgehen, dass jemand daran ernsthaft erkranken und sich im schlimmsten Fall sogar eine lebensbedrohliche Krankheit einhandeln kann.

Zum Glück gibt es heutzutage auf medizinischem Gebiet hervorragende Möglichkeiten, selbst den schlimmsten Erkrankungen entgegenzuwirken, mag der eine oder andere diesbezüglich vielleicht einwenden, womit er durchaus Recht hat. Nehmen wir daher einfach mal an, dass einer Krebsgeschwulst operativ, durch Bestrahlungen oder mit der chemischen Keule restlos der Garaus gemacht werden kann. Wunderbar, fürs Erste jedenfalls. Doch, was glauben Sie, passiert, wenn sich an den eigentlichen Ursachen für dessen Entstehung nichts nachhaltig ändert, sprich, wenn der oder die Betroffene auch weiterhin die inneren Warnsignale missachtet und ihnen zuwider handelt? Läuft man dann nicht Gefahr, dass die lebensbedrohliche Krankheit erneut ausbricht? Geben Sie sich auch darauf bitte selbst eine Antwort. Wäre des Rätsels Lösung also, dass wir einfach nur auf unser Gewissen achten und auf unsere innere Stimme hören und uns immer tugendhaft verhalten sollten, um kerngesund zu bleiben oder zu werden?

Dagegen könnte man zu Recht einwenden, dass es auch völlig Unbescholtene und Tugendhafte gibt, die ebenfalls von tödlichen Erkrankungen betroffen sind. Eine Seele von Mensch sozusagen, die über jeden moralischen Zweifel erhaben ist. Auch das ist richtig, aber erfahrungsgemäß leiden gerade derartige Vertreter unserer Gattung oft unter ihren Mitmenschen, die diese Charaktereigenschaften als menschliche Schwäche interpretieren und die Betroffenen alles andere als fair behandeln, sie schamlos ausnutzen, ungerecht zu ihnen sind, sie gering schätzen, kränken, demütigen, verachten und verhöhnen. Auch hier ließe sich die Aufzählung problemlos fortsetzen. Es dürfte wohl niemand besonders schwer fallen, sich vorzustellen, welche seelischen Qualen daraus resultieren können, die sich wiederum in Form von körperlichen Krankheiten und Gebrechen niederschlagen. Trotz völlig anderer Ursachen letztlich also die gleichen Auswirkungen wie oben, zu dieser Feststellung darf man sicherlich kommen.

Aber auch diejenigen, bei denen weder eigenes Fehlverhalten noch seelische Belastungen durch Dritte erkennbar sind, können ernsthaft erkranken. Wo liegt hier des Rätsels Lösung? Auch hierfür bieten einige der Bücher, die ich gelesen habe, aus meiner Sicht denkbare Erklärungen an. Nähere Erläuterungen hierzu möchte ich Ihnen aber gerne an anderer Stelle geben.

Kapitel 6: Wo steckt denn der Geist?

Unser leiblicher Körper hat nur eine begrenzte Lebenserwartung, die bei jedem von uns zwar unterschiedlich ist, aber selbst im allergünstigsten Fall kaum mehr als hundert Jahre betragen dürfte. Doch was passiert beim körperlichen Tod mit unserer Seele und unserem Geist? Sterben sie auch mit? Falls sie integraler Bestandteil des leiblichen Körpers sein sollten, also vergleichbar mit einem körperlichen Organ wie Herz oder Lunge, dann müsste man diese Frage natürlich mit ja beantworten. Aber darf man die Seele, sozusagen das Zentrum von Empfindungen und Emotionen, und den Geist als Dreh- und Angelpunkt unserer geistigen Fähigkeiten mit körperlichen Organen gleichzusetzen versuchen? Wohl kaum, denn selbst die besten Mediziner könnten mit den tollsten Untersuchungsmöglichkeiten weder die Seele noch den Geist in unserem Körper ausfindig machen. An dieser Stelle empfiehlt sich auch der Hinweis, dass man zwischen Geist und Gehirn im täglichen Sprachgebrauch oft leider keine oder zumindest kaum Unterscheidungen macht. Das Gehirn findet man bekanntlich im Körper, selbst wenn man bei manchen Zeitgenossen eher geneigt ist, dies vehement in Abrede zu stellen. Man kann sich das Gehirn als eine Art zentrales Schalt-, Steuer- und Regelelement vorstellen, ein menschlicher Mikroprozessor also, ähnlich wie der in meinem Computer, mit dem ich gerade diese Zeilen verfasse. Unser menschlicher Prozessor überwacht und regelt zum einen alle wichtigen Funktionen wie zum Beispiel Herzschlag, Blutdruck, Körpertemperatur und so weiter, selbst im Schlaf geschieht dies vollautomatisch. Darüber hinaus werden vom Gehirn alle bewussten körperlichen Handlungen und Aktivitäten durch entsprechende Signalimpulse an die betroffenen Körperteile ausgelöst. Auch das Beschäftigen mit Problemen und Aufgaben löst im Gehirn entsprechende Signale aus, in dem man zum Beispiel bei einer Matheaufgabe das Ergebnis mit einem Stift auf einem Blatt Papier herleitet oder meinetwegen mit einem Hammer einen zuvor an der ausgewählten Stelle platzierten Nagel hoffentlich zielsicher auf den Kopf und nicht die eigenen Finger trifft, die ihn an entsprechender Stelle umklammern. Ich sage das nicht ohne ernsthaften Hintergrund, denn das löst vermutlich nicht nur bei mir schmerzhafte Erinnerungen aus. Ist also unser Geist irgendwo im Gehirn angesiedelt, um zur Ausgangsfrage zurückzukommen? Jeder Mensch, der seinen Geist mit dem Gehirn gleichsetzt oder ihn im Gehirn vermutet, wird unweigerlich zu dem Schluss kommen, dass es kein Leben nach dem Tod geben kann. Aber wo steckt denn der Geist, wenn nicht dort, werden sich jetzt vielleicht einige von Ihnen fragen, womit Ihnen schon wieder ein Beispiel droht.

Bleiben wir dafür doch einfach bei meinem PC oder genauer gesagt bei meinem Notebook, vor dem ich gerade sitze. Meine im Geist vorformulierten Gedanken lösen in meinem Gehirn entsprechende Signale an die Finger an meinen Händen aus, damit diese die richtigen Tasten auf der Tastatur betätigen, die wiederum von der intelligenten Technik in dieser Zauberkiste in entsprechenden Buchstaben und Zeichen auf dem Desktop angezeigt werden, um sie dann für die weitere Verwendung zunächst abzuspeichern. Dass in meinem Fall das Gehirn hierfür nur die beiden Zeigefinger dirigieren muss, ist weniger einer besonders gehirn- und fingerschonenden Methode als einer mangelhaften Schreibtechnik zu verdanken. Es sei an dieser Stelle jedoch der Vollständigkeit halber angemerkt, dass ich nach meinem Dafürhalten trotzdem ganz schön flott bin beim Schreiben mit meinem zweifingrigen Buchstabensuchsystem. Falls Sie jetzt, weil entnervt, am liebsten mit einem dicken Hammer auf mein geliebtes Notebook einschlagen möchten, um dem unsäglichen Treiben endlich ein Ende zu setzen, wäre dies nicht unbedingt des Rätsels Lösung, sei rein vorsorglich angemerkt. Warum nicht? Ganz einfach, sie hätten damit zwar meine Zauberkiste für immer stillgelegt einschließlich der Festplatte, auf der die Daten gespeichert sind, aber bedenken Sie bitte, dass ich meine Daten nicht nur dort, sondern gleich mehrfach auf einer externen Festplatte und auf einem Stick speichere, wobei ja auch noch eine CD oder die Cloud oder ganz einfach ein Ausdrucken des Textes in Frage kommen könnten, um Sie noch ein bisschen mehr zu verunsichern. Selbst wenn Sie auch diesen Speichermedien allesamt den Garaus machen würden, hätten Sie noch lange nicht ihr Ziel erreicht, denn der eigentliche Übeltäter sitzt ja nicht drin, sondern davor. Und der könnte im schlimmsten Fall alles noch einmal generieren, dann natürlich mit einem anderen Gerät. Der Geist in diesem Beispiel befindet sich also nicht wie im Märchen in der Flasche, sondern außerhalb. Worauf ich letztlich hinaus will ist die Annahme, dass sich auch der Geist eines Menschen nicht zwingend in dessen Körper befinden muss, sondern lediglich eine wie auch immer geartete Signalverbindung zwischen beiden bestehen muss.

Ich möchte gerne ein weiteres Beispiel anführen, um die Problematik vielleicht noch etwas anschaulicher zu machen. Nehmen wir dafür ein ferngesteuertes Gerät wie beispielsweise eine Spielzeugdrohne, auch Quadrokopter genannt. Sie kennen sicher diese kleinen fliegenden Untertassen, die Ihnen beim Spaziergang im Freien immer öfter mit affenartiger Geschwindigkeit um den Kopf schwirren und dabei die tollsten Kapriolen in der Luft veranstalten. Nehmen wir mal an, man würde so ein Ding in einer von der Zivilisation noch völlig unberührten Natur vor den Augen von Eingeborenen herumschwirren und dabei meinetwegen auch noch über einen eingebauten Lautsprecher Musik abspielen lassen. Wenn dann noch derjenige, der die Drohne fernsteuert, gut versteckt und damit für andere unsichtbar wäre, was glauben Sie, wie die Betreffenden darauf reagieren würden? Vermutlich würden einige vor Schreck erstarren oder aus Angst vor diesem UFO die Flucht ergreifen. Andere würden vielleicht rätseln, um welch einen unbekannten Vogel oder fliegenden Gott es sich dabei handeln könnte. Aber keiner der Betroffenen könnte sich wohl vorstellen, dass dieses fliegende Objekt letztlich doch nur ein toter Gegenstand ist, der von außerhalb gelenkt und gesteuert wird, weil es seiner (scheinbar) objektiven Wahrnehmung widersprechen würde.

Übertragen auf den menschlichen Geist wäre es demnach auch nicht grundsätzlich auszuschließen, dass dieser sich nicht nur in, sondern auch außerhalb unseres Körpers befinden und auf diesen einwirken kann, sofern eine wie auch immer geartete Signalverbindung zwischen beiden besteht, also eine Art Funkstrecke zwischen unserem Bewusstsein und unserem Gehirn. So könnte man sich zum Beispiel auch Astralreisen erklären, von denen manche berichten. Aber auch außerkörperliche Erfahrungen und Nahtoderlebnisse können zumindest als Indizien für einen freien Geist und damit auch für ein geistiges Weiterbestehen über den körperlichen Tod hinaus betrachtet werden. Diese Annahme wird nicht nur von der spirituellen Literatur, sondern auch vom Buch eines niederländischen Kardiologen gestützt, der aufgrund seiner Forschungsergebnisse zu dem Schluss gelangt ist, dass unser Bewusstsein nicht im Gehirn lokalisierbar ist und somit „dessen Aufenthaltsort" auch außerhalb unseres Körpers möglich erscheint.

So haben weltweit bereits eine Vielzahl von Menschen über außerkörperliche Wahrnehmungen und Nahtoderfahrungen berichtet. Man geht grob geschätzt von über zehn Prozent der Bevölkerung aus unterschiedlichsten Kulturkreisen aus. Die Zahl mag auf den ersten Blick recht hoch erscheinen, aber alleine vier meiner Verwandten haben mir beispielsweise ebenfalls von derartigen Erfahrungen berichtet.

Kapitel 7: Gottesfunk

Doch ein externer Geist benötigt letztlich auch in irgendeiner Form Energie, um zu funktionieren. Sie erinnern sich sicher noch an meine diesbezüglich geäußerte Skepsis, denn wer selbst behauptet, dass von nichts auch nichts kommen kann, muss zwangsläufig zu dieser Feststellung kommen. Ich versuche es daher einmal mehr mit einem anschaulichen Beispiel. Ich weiß nicht, ob Sie schon mal etwas von einem Detektorempfänger gehört haben. Das müssen Sie auch nicht, denn die Dinger sind technisch eigentlich schon seit Jahrzehnten veraltet. Dennoch, hierbei handelt es sich um einen relativ einfach aufgebauten Rundfunk-Empfänger, der seine Energie komplett über die von einem Sender ausgestrahlten Signale bezieht, in dem er über einen so genannten Schwingkreis die gewünschte Empfangsfrequenz herausfiltert und diese über einen Ohrhörer oder einen kleinen Lautsprecher in akustisch hörbare Signale umwandelt. Mit anderen Worten, ein sehr simples Radio, das keinen Netzanschluss, keine Batterie und auch keinen Akku zum Betrieb benötigt. Diese Geräte wurden in den Anfangsjahren des Rundfunks zum Empfang von Hörfunksendungen genutzt, würden aber heutigen Anforderungen insbesondere in

Bezug auf Senderauswahl, Klangqualität und Leistung nicht ansatzweise mehr entsprechen. Ein alter Hut also, aber mir geht es auch nur ums Funktionsprinzip.

Mit so einem Detektorempfänger möchte ich gerne mal unseren Geist vergleichen. Das was unser „Geistdetektor" an für unseren Körper bestimmten Signalen abstrahlt, erreicht unser Gehirn, wo sie in entsprechende Körpersignale umgewandelt werden, ähnlich wie beim herkömmlichen Detektor die von einem Lautsprecher oder Ohrhörer abgestrahlten Schallwellen vom menschlichen Ohr empfangen und im Gehirn zu entsprechenden Höreindrücken weiterverarbeitet werden. So weit, so gut, aber was ist mit der von unserem externen Geist empfangenen Energie, um auf die Ausgangsfrage zurückzukommen? Stellen Sie sich bitte eine von einem göttlichen Schöpfer ausgestrahlte Energie vor, die ich leider nicht zu beschreiben vermag, die mir aber zumindest im Prinzip mit der Sonnenenergie vergleichbar erscheint, die unser Universum durchdringt. So wie uns die Sonnenstrahlen auf der Erde erreichen, erreicht unseren Geist auch die von Gott ausgestrahlte Energie, sofern wir unseren „Geistdetektor" auf die entsprechende Empfangsrichtung ausgerichtet und den Schwingkreis exakt darauf eingestellt haben. Falls nicht, dann verschwimmt der Sender oder man empfängt stattdessen irgendwelche Störgeräusche. Im schlimmsten Fall, wenn der Schwingkreis total verstimmt wäre, würde man einen völlig anderen Sender oder sogar überhaupt nichts empfangen. Genau das waren bei den alten Detektor-empfängern übrigens keine unbekannten Probleme. Um das Problem Störungen noch am etwas anschaulicheren Beispiel Sonnenstrahlen zu verdeutlichen, auch bei denen kann der oftmals heiß ersehnte Empfang auf Ihrer Haut beeinträchtigt sein, wenn Sie sich im Schatten bewegen oder wenn sich Hindernisse zwischen Ihnen und der Sonne befinden, seien es Wolken, Bäume, Gebäude oder was auch immer.

In verschiedenen spirituellen Schriften ist von einem so genannten Gottesfunken zu lesen, der jedem Geistwesen „als Verbindungselement" zu Gott zur Verfügung steht, und diesen Gottesfunken möchte ich daher gerne, natürlich nur prinzipiell und stark vereinfacht, mit dem vorgenannten Detektorempfänger vergleichen. Sofern unser Gottesfunke exakt auf Empfang eingestellt ist, erhalten wir die richtigen Signale und beziehen darüber auch die benötigte geistige Energie. Und falls nicht? Na ja, dann handeln wir uns, wie bereits erläutert, unerwünschte Störsignale ein, meinetwegen ein zu schwaches oder undeutliches Signal oder ein Brummen oder Rauschen. Mit anderen Worten, was wir empfangen ist für uns nur schwer oder gar unverständlich und damit nicht verwertbar. Es kann aber auch sein, dass wir statt des vom Gottesfunk ausgestrahlten „Üb immer Treu und Redlichkeit-Programms" einen völlig anderen Sender empfangen, der uns mit einem wesentlich leichterem und beschwingterem Programm möglicherweise viel besser gefällt, sodass wir gar nicht mehr daran denken, wieder auf den Gottesfunk umzuschalten. Dazu mehr im nächsten Kapitel.

Kapitel 8: Störsender Ego

Falls wir einen völlig anderen als den Gottesfunk empfangen sollten, dann haben wir es mit einem klassischen Störsender zu tun, selbst wenn der glasklar und völlig störungsfrei zu empfangen ist, denn ein Störsender ist letztlich explizit darauf ausgerichtet, den Empfängern zu schaden. Derartige Sender sind bekanntlich im Krieg ein probates Mittel, um dem Feind von Informationen der eigenen Seite abzuschneiden oder abzulenken und ihm stattdessen mit gefakten Informationen in die Irre zu führen oder zu zermürben.

Aber unser Geist hat doch keinen Feind, werden Sie jetzt vielleicht denken. Und ob! Nicht nur das, dieser Feind steckt sogar in jedem von uns, eingeschmuggelt wie eine Art trojanisches Pferd. Und dieser Feind in uns heißt Ego, womit man üblicherweise unser Selbstbewusstsein bezeichnet. Aber ohne Ego geht es doch nicht, werden Sie jetzt vielleicht einzuwenden versuchen, womit sie natürlich vollkommen Recht haben, denn „ein gesundes Selbstbewusstsein" benötigt jeder von uns. Anderenfalls wären wir jedermann auf Gedeih und Verderb hilflos ausgeliefert, weil wir uns selbst nichts zutrauen würden. Doch das Problem, unter dem viele Menschen leiden, ist leider ein gesteigertes oder gar übersteigertes Selbstbewusstsein, das rücksichtslos nur auf die eigenen Vorteile, auf Status, Besitz und gesellschaftlichen Rang ausgerichtet ist. Viele möchten sich „mit aller Gewalt" über andere erheben, einfach besser, reicher, schöner oder erfolgreicher als sie sein. Und darauf richten sie ihr ganzes Leben aus. Dabei wäre ihnen der Gottesfunk mit seinem „Üb immer Treu und Redlichkeits-Programm" natürlich nur im Weg, und deshalb denken sie auch nicht im Traum daran, ihren Detektorempfänger darauf auszurichten. Aber was ist mit den vorgenannten Warnsignalen des Gewissens? Verstummt die innere Stimme als dessen Sprachrohr dabei völlig, fragen Sie sich jetzt vielleicht.

Nein, das nicht, aber der Störsender Ego beeinträchtigt oder verhindert deren bewusste Wahrnehmung. Im Laufe der Zeit verlernen viele völlig, auf ihr Gewissen zu reagieren, weil ihnen ihr Ego, nicht selten fleißig unterstützt von angeblich guten Freunden, Bekannten oder Verwandten, ständig suggeriert, das dazu doch überhaupt kein Anlass bestünde, dass man sich damit nur Nachteile einhandelt oder dass andere schließlich genau so agieren und dass man, wenn man an denen vorbeikommen oder sie übertrumpfen möchte, sogar noch einen Zahn zulegen müsse. Letztlich verfügen wir alle aber über den freien Willen, der uns bei jeder Handlung oder Entscheidung die Wahl lässt, ob wir uns für oder gegen unser Gewissen entscheiden. Ist Letzteres der Fall, dann wirken die vom Gewissen ausgelösten Warnsignale dennoch dauerhaft auf uns ein und belasten unsere Seele beziehungsweise unseren Körper entsprechend. Auch so können bedrohliche psychische und physische Erkrankungen ausgelöst werden, um nochmals an die entsprechenden Ausführungen in einem früheren Kapitel anzuknüpfen.

Vielleicht kennen Sie ja Menschen, die sich in ihrem Leben weder selbst etwas vorzuwerfen haben und auch nicht von anderen negativ beeinflusst wurden oder werden. Auch solche Menschen können natürlich unter ernsthaften oder lebensbedrohlichen Erkrankungen leiden. In derartigen Fällen können doch eigentlich weder Gewissensbisse noch seelische Belastungen ein Auslöser dafür sein, sollte man meinen. Betrachtet auf „ein" irdisches Leben mag das durchaus zutreffen, aber wenn unser Geist und unsere Seele tatsächlich unsterblich sein sollten, gibt es dann nicht vielleicht auch ein oder gar mehrere irdische Leben davor und eventuell daraus noch resultierende Schuld und seelische Belastungen? Das wäre dann eine mögliche Erklärung für diejenigen, die in ihrem derzeitigen Leben ohne diesbezüglich erkennbaren Grund leiden müssen. Dazu noch etwas mehr im nächsten Kapitel.

Noch eine Anmerkung zur inneren Stimme, hinter der sich nach meinem Dafürhalten unser Schutzgeist verbirgt, also der, der uns vor unbedachten oder gefährlichen Situationen im täglichen Leben warnt und beschützt, sofern es nicht unser

Schicksal sein soll, diesen zum Opfer zu fallen. Ähnlich wie bei den bereits geschilderten Untaten kann er uns vor derartigen Gefahren warnen, etwa durch ein unerklärliches Unbehagen, Bauchschmerzen oder durch plötzliche Angstgefühle etc. Ob und wie wir jedoch darauf reagieren, bleibt aber auch in derartigen Fällen letztlich dem freien Willen überlassen.

Kapitel 9: Was war davor, was kommt danach?

Nach meinen Literaturrecherchen verbindet sich ein Geist bei der Geburt eines Menschen mit dessen Körper und verlässt ihn wieder, wenn dieser stirbt. Aber woher kommt der Geist und wohin geht er wieder? Ein Indianer hätte keine Probleme, diese Frage einfach mit „er geht in die ewigen Jagdgründe ein" zu beantworten. Da zu befürchten ist, dass sich unter den Lesern dieses Buches eher wenig Indianer befinden, möchte ich stattdessen gerne den Begriff Jenseits oder feinstoffliche Welt verwenden. Das klingt zugegebenermaßen auch etwas schwammig, scheint mir aber allemal treffender als Himmel, Hölle oder Fegefeuer zu sein.

Aber was macht so ein Geist eigentlich im Jenseits? Wenn man der spirituellen Literatur Glauben schenken darf, dann zieht er zunächst einmal selbst Bilanz über sein gelebtes Leben. Ein Lebensfilm läuft vor ihm ab, in dem er alle Situationen, in denen er Fehler gemacht hat, nochmals nachempfindet, und das nicht nur aus eigener Sicht, sondern auch unter dem Blickwinkel all derer, denen er damit Unrecht, Schaden oder Leid zugefügt hat. Kein göttlicher Richter also, sondern Selbsterkenntnis und -bewertung wie bereits an anderer Stelle erwähnt. Doch wie ist das möglich, warum erst jetzt und nicht bereits zu Lebzeiten, womit ich dies keineswegs ausschließen möchte. Diejenigen, denen dies bereits auf unserem Planeten gelingt, sind zu beneiden, insbesondere dann, wenn sie ihre Fehler aufrichtig bereuen und hier unten bereits wiedergutmachen können. Doch ich fürchte, das ist eher eine Minderheit. Und die anderen. Die erfahren wohl leider erst im Jenseits Erleuchtung, weil dort kein irdischer Störsender Ego die Bilder und Eindrücke verfälscht. Und dann? Sie ahnen es schon, das nächste Beispiel droht.

So wie wir auf der Erde zunächst allgemeinbildende Schulen und anschließend berufliche Ausbildungen oder Hochschulen durchlaufen, um uns auf das Leben vorzubereiten, so gibt es offenbar auch eine Art Jenseitsschule für unseren Geist. Wenn wir hier unten eine Prüfung nicht bestehen oder das Klassenziel nicht erreichen, dann müssen wir bekanntlich eine Ehrenrunde drehen und die Prüfung wiederholen, wenn wir nicht aufgeben und unser Ziel dennoch erreichen wollen. So scheint es auch im Jenseits zu sein. Wir werden dort von geistigen Führern in all den Disziplinen geschult, in denen wir hier unten versagt haben. Aber wie wird das dort mit der Prüfung gehandhabt? Dort wohl eher nicht, ist zu vermuten, zumindest nicht die praktische Prüfung, denn die kann man letztlich wohl nur unter realen Bedingungen hier auf der Erde absolvieren.

Erscheint zumindest nicht unlogisch. Doch dann wird es unangenehm, fürchte ich, denn wer anderen zu Lebzeiten Schmerzen und Leid zugefügt hat, wer skrupellos, grausam, rücksichtslos und was weiß ich nicht noch alles war, der muss entweder am eigenen Leib erfahren, wie sich das anfühlt, falls er es noch immer nicht richtig wahrzunehmen vermag, oder ihm wird Gelegenheit geboten, seine Schuld beispielsweise durch ein besonderes Engagement zum Wohle seiner Mitmenschen hier unten zu sühnen. Mit anderen Worten, irgendwann heißt es auch im Jenseits für die meisten von uns wieder: „Genug mit der grauen Theorie, zurück in die irdische Praxis."

Doch völlig unvorbereitet entlässt man dort offenbar niemanden. Schließlich gilt es eine geeignete Lebenssituation beziehungsweise ein geeignetes Umfeld für die Bewältigung der zu absolvierenden Prüfungen und Aufgaben zu finden. Mit anderen Worten, unser Geist erstellt mit entsprechender Unterstützung einen so genannten Lebensplan, der wohl nicht bis ins kleinste Detail ausgearbeitet ist, aber zumindest die wesentlichsten oder wichtigsten Meilensteine einer neuen irdischen Existenz beinhaltet. Und dann wird die irdische Lebensuhr für das Geistwesen erneut auf Null gestellt, was nichts anderes bedeutet, dass es sich mit einem neuen menschlichen Körper verbindet, dessen Schicksal dann seinen Lauf nimmt. Bleibt nur zu hoffen, dass der/die Betroffene wenigstens im neuen Leben den gestellten Anforderungen in möglichst hohem Umfang gerecht werden kann, denn ansonsten dreht sich das Reinkarnationskarussell ewig weiter, was mir persönlich weniger gefallen würde. Ich würde vielmehr einen dauerhaften Platz auf Wolke sieben bevorzugen, obwohl es der Aloisius, also der berühmte Münchner im Himmel, dort bekanntlich nicht sehr lange ausgehalten hat. „Schau´n mer mal!", würde ein nicht minder bekannter ehemaliger Fußballkaiser aus Bayern wohl dazu sagen.

Kapitel 10: Schlussbemerkungen

Obwohl es noch viele interessante und wichtige Aspekte zu erwähnen gäbe, möchte ich in diesem Buch, das bewusst nur als kleine Einstiegs- und Orientierungshilfe für die komplexe Thematik konzipiert wurde, gerne darauf verzichten. Es würde mich aber sehr freuen, wenn ich damit zumindest Ihr Interesse an mehr geweckt haben sollte und Sie sich damit noch intensiver befassen möchten. Nicht zuletzt aus diesem Grund enthält das nächste Kapitel entsprechende Literaturhinweise zur Anregung für Sie.

Doch zuvor möchte ich Ihnen zusammenfassend noch eine stichwortartige Auflistung der wesentlichen Aspekte aus den vorangegangenen Kapiteln anhand geben. Besonders erwähnenswert erscheinen mir diesbezüglich:

- die aufgeführten Argumente, die eher für als gegen die Existenz eines göttlichen Wesens sprechen

- die permanente geistige Verbindung zwischen diesem und uns, die allerdings massiven Störungen ausgesetzt sein kann

- die für die Dauer einer irdischen Existenz bestehende Verbindung zwischen Körper und Geistseele eines Menschen

- die begründete Annahme, dass die Geistseele beziehungsweise unser Bewusstsein über den körperlichen Tod hinaus weiterbestehen kann

- der in der geistigen Welt selbst erstellte Lebensplan mit Prüfungen und Aufgaben, die wir während unserer irdischen Existenz zu bewältigen haben

- die dringende Empfehlung, stets seinem Gewissen und seiner inneren Stimme zu folgen, um seelische Konflikte und daraus resultierende schwer wiegende körperliche Erkrankungen vermeiden beziehungsweise dauerhaft heilen zu können

- die Selbsterkenntnis und -bewertung aller irdischen Verfehlungen nach dem körperlichen Tod durch unseren Geist

- die Verpflichtung für jeden von uns, in der Vergangenheit auf uns geladene Schuld tilgen zu müssen

- die Notwendigkeit weiterer belastender irdischer Existenzen bei entsprechenden Verfehlungen, die das Erreichen der selbst gesteckten Lebensziele verhindern

Ich hoffe, dass ich in dieser Auflistung nichts Wesentliches vergessen habe. Bleibt mir noch, allen zu wünschen, dass es Ihnen gelingen möge, dem Buchtitel entsprechend ein erfülltes Leben im Einklang mit sich selbst führen zu können, ob mit oder ohne meine Denkanstöße. Zu erwähnen wäre vielleicht noch, dass nach meinen Literaturrecherchen die begründete Hoffnung besteht, dass wir bei entsprechender Bewährung eines Tages - von allen irdischen Sorgen und Problemen für immer befreit - ein dauerhaftes Leben in der geistigen Welt führen können. Aber Näheres hierzu würde, wie bereits erläutert, den bewusst eng gewählten Rahmen für dieses Buch sprengen und sollte daher Ihren eigenen Literaturstudien vorbehalten bleiben. Jedenfalls erscheint mir diese ebenso phantastisch wie paradiesisch klingende Vorstellung alleine dafür Grund genug zu sein.

Um es auch abschließend noch einmal deutlich zum Ausdruck zu bringen: Niemand will und kann Sie von Ihren eigenen Ansichten und Ihrer persönlichen Überzeugung zu dieser Thematik abbringen. Am wenigsten der Autor dieses kleinen Buches, das, wie bereits dargelegt, lediglich den Anspruch erheben möchte, Ihnen dem Buchtitel entsprechend ein paar interessant erscheinende Denkanstöße für ein erfülltes Leben im Einklang mit sich selbst zu vermitteln. Sie sollten sich aber im eigenen Interesse selbst noch etwas intensiver auf dieses spannende Thema einlassen.

Literaturhinweise

Wie bereits erläutert, habe ich im Laufe meines Lebens sehr viele Bücher zur Thematik gelesen, wenn auch nicht über die Jahre gleichmäßig verteilt, und um es gleich zu ergänzen, leider auch nicht sehr strukturiert. Salopp formuliert, wann immer mir ein entsprechendes Buch in die Finger gelangte, habe ich es sehr zügig und mit großem Interesse gelesen. Aber das waren über viele Jahre eher Zufallstreffer als ein systematisches Vorgehen, ganz anders also, wie man üblicherweise an ein Literaturstudium heranzugehen pflegt. Aber es war lange Zeit auch nicht mehr als eine willkommene Abwechslung für einen Techniker wie mich. Für einen mit spirituellen Interessen, was mir für diese Thematik ohnehin eher ein spöttisches Lächeln als Anerkennung in meinen Fachkreisen eingebracht hätte. Aber das wäre auch damals kein Hinderungsgrund für mich gewesen, ebenso wenig wie heute. Doch das Stochern in diesem Nebel nahm bei mir leider erst vor ein paar Jahren ein Ende, etwa zu der Zeit, als einige autobiografische Bücher über so genannte Nahtoderfahrungen erschienen. So viel nur zur Einstimmung, denn mit den folgenden Hinweisen möchte ich wenigstens Ihnen ein halbwegs strukturiertes Vorgehen erleichtern.

Zu der unten angegebenen Reihenfolge der aufgeführten Bücher ist noch anzumerken, dass sich die ersten fünf mit außerkörperlichen Erlebnissen und Erfahrungen insbesondere aus medizinischer beziehungsweise naturwissenschaftlicher Sicht befassen, während bei den übrigen eher spirituelle Aspekte im Vordergrund stehen. Der Reihenfolge entsprechend zu beginnen, erscheint mir empfehlenswert. Spätestens nach dem Lesen des dritten Buchs dürften Sie für sich selbst feststellen können, ob Sie tatsächlich mehr über diese Thematik in Erfahrung bringen und demzufolge auch noch etwas mehr Zeit dafür investieren möchten.

Bitte beachten Sie auch, dass die nachfolgenden Angaben sich zum Teil auf ältere Ausgaben bzw. Verlage beziehen.

Elisabeth Kübler Ross
Interviews mit Sterbenden
2. Auflage 1969
Kreuz Verlag

Raymond A. Moody
Leben nach dem Tod
Die Erforschung einer unerklärlichen Erfahrung
14. Auflage 2013
Rowohlt Taschenbuch Verlag

Pim van Lommel
Endloses Bewusstsein
Neue medizinische Fakten zur Nahtoderfahrung
Ausgabe 2013
Verlag Knaur MensSana Taschenbuch

Markolf H. Niemz
Lucy mit c
Mit Lichtgeschwindigkeit ins Jenseits
3. Auflage 2006
Books on Demand GmbH

Elisabeth Kübler-Ross
Über den Tod und das Leben danach
38. Auflage 2009
Verlag Die Silberschnur GmbH

Helen Wambach
Leben vor dem Leben
Deutsche Erstveröffentlichung 1980
Wilhelm Heyne Verlag

Bill & Judy Guggenheim
Trost aus dem Jenseits
Lizenzausgabe 2006
Verlagsgruppe Weltbild GmbH

James van Praagh
Und der Himmel tat sich auf
Jenseitsbotschaften
Die geistige Welt und das Leben nach dem Tode
14. Auflage 2009, Wilhelm Goldmann Verlag

Allan Kardec
Das Buch der Geister
4. Auflage 2004
Verlag Schirner Taschenbuch

Allan Kardec
Das Buch der Medien
1. Auflage 2004
Verlag Schirner Taschenbuch

Wie oben dargelegt, sollten Sie spätestens nach dem dritten Buch wissen, ob Sie Ihre spirituelle Literaturreise gerne noch weiter fortsetzen möchten. Falls ja, möchte ich Sie gerne noch auf die gemeinnützige **UNICON Stiftung** in Meersburg (http://www.unicon-stiftung.de/) hinweisen, die es sich zur Aufgabe gemacht hat, spirituelles Wissen als Hilfe zur Lebensorientierung bereitzustellen. In einer Reihe von Büchern hat sie Wissen in Form von Zitaten aus den Bereichen Philosophie, Religionen, Wissenschaft und Mystik aufbereitet, angabegemäß vor allem aus Botschaften und Offenbarungen direkt von Gottvater/Christus und der geistigen Welt Gottes zur spirituellen Seite des Lebens. Meinerseits ist hierzu anzumerken, dass mir von dort bereits mehrere Bücher zur Verfügung gestellt wurden, die mir eine wertvolle Informations- und Inspirationsquelle sind.

Es würde sicherlich zu weit führen, Ihnen hier alle von mir gelesenen Bücher aufführen zu wollen, zumal ich mir relativ viele davon in Öffentlichen Bibliotheken ausgeliehen hatte, sodass mir detaillierte Angaben hierzu ohnehin nicht mehr möglich wären. Ich möchte meine Empfehlungen daher mit drei autobiografischen Werken über Nahtoderlebnisse abschließen.

Dr. med. Eben Alexander
Blick in die Ewigkeit
Die faszinierende Nahtoderfahrung eines Neurochirurgen
13. Auflage 2014
Ansata Verlag

Anne Ray-Wendling
Mein Kontakt mit dem Jenseits
Ich habe zu viele Beweise, um am Weiterleben nach dem Tod zu zweifeln
4. Auflage 2003
Verlag Nymphenburger

Crystal McVea mit Alex Tresniowski
Im Himmel war ich glücklich
Die wahre Geschichte einer lebensverändernden Nahtoderfahrung
Ausgabe 2014
Verlag Gerth Medien

Bleibt mir ergänzend hierzu nur noch, Sie nachfolgend auf einige meiner Bücher zu diesem Thema hinzuweisen.

Eigene Veröffentlichungen

Geh den Weg zu Ende
Verlag CreateSpace Independent Publishing Platform

Ein Mann lässt bei einem Spaziergang in trister Novemberatmosphäre sein bisheriges Leben Revue passieren, dem er aufgrund von vielfältigen Problemen und Belastungen nur wenig abgewinnen kann. Dabei wird er von einem Auto erfasst und findet sich plötzlich im Jenseits wieder. Seine phantastischen Erlebnisse in einer völlig anderen Dimension lassen ihn sein Schicksal in einem völlig anderen Licht erscheinen.

Jenseits in Eden
Verlag Books on Demand GmbH

Ein Mann hat seinen gut bezahlten Job aufgrund von Alkohol- und Geldproblemen verloren. Zudem steht ihm ein Prozess wegen Korruption bevor, der seine berufliche Zukunft endgültig zu zerstören droht. Die Schuld an dieser tragischen Entwicklung gibt er seiner Frau, die ihn mit anderen Männern betrogen hat. Er beschließt, sich an ihr zu rächen und lauert ihr mit einem Wagen auf, um sie zu überfahren. Doch in letzter Sekunde reißt er das Steuer des Wagens herum, worauf dieser sich überschlägt und eine steile Böschung hinabstürzt. Was danach passiert, lässt sich mit Worten kaum beschreiben.

Nebel auf dem Weg
Verlag Books on Demand GmbH

Der ehemalige Architekt Christian Stein steckt seit Jahren in einer schweren Lebenskrise, ausgelöst durch den Tod seines Sohnes, der ihn völlig aus der Bahn warf und beruflich scheitern ließ. Zudem wurde seine Frau Opfer eines mysteriösen Verkehrsunfalls, an dem er sich mitschuldig fühlt. Auch der Kontakt zu seiner Tochter ist seit längerer Zeit abgebrochen. Verzweifelt sucht er nach einem Ausweg, um seiner Einsamkeit zu entrinnen. Bei einem Abendspaziergang führt ihn sein Weg an einer alten Fachwerkbrücke vorbei, die für ihn in Kindertagen Abenteuerspielplatz für waghalsige Kletterpartien und später heimlicher Treffpunkt mit seiner Jugendliebe war. Wehmütigen Erinnerungen an längst vergangene Zeiten folgend klettert er noch einmal die Brücke hinauf. Dies löst ein außergewöhnliches Erlebnis für ihn aus.

Geisterpost
Verlag Books on Demand GmbH

Eine spannende Geschichte aus den fünfziger Jahren, zur Zeit der wirtschaftlichen Angliederung des Saarlandes an Frankreich.

Eine Frau in den mittleren Jahren kann nach dem Tod ihres Mannes von der kleinen Witwenrente alleine nicht leben. Seine Lebensversicherung, die er zu ihren Gunsten abgeschlossen hatte, wurde ein paar Jahre vor seinem Tod gekündigt, doch das ausgezahlte Geld ist spurlos verschwunden. Sie nimmt daher eine Arbeit in einem Waisenhaus an und schließt dort ein kleines Mädchen in ihr Herz. Doch haben ihre Bemühungen, das Kind bei sich zu Hause aufnehmen, auch Erfolg?

Auf unerklärliche Weise tauchen nach einiger Zeit Briefe ihres verstorbenen Mannes auf, in denen er ihr ein dunkles Geheimnis verrät. Die Briefe sind echt und wurden erst nach seinem Tod verfasst, aber kann der Geist eines Verstorbenen tatsächlich noch Briefe schreiben? Entsprechen seine Angaben auch der Wahrheit und von wem wurde ihr die Post übermittelt? Viele Fragen, auf die sie verzweifelt eine Antwort zu finden versucht.

Als kleines Dankeschön zum Abschluss noch der Hinweis auf ein E-Book, das Sie auf allen bekannten Buchportalen im Internet <u>kostenlos</u> herunterladen können

Josefs Hütte

Maria Behrmann, Leiterin der Forschungs- und Entwicklungsabteilung eines großen Unternehmens, gerät eines Tages in einem Park mit einem fremden Mann in Streit und ergreift, von seinem Benehmen völlig entnervt, schließlich die Flucht vor ihm. Doch am nächsten Abend steht der Fremde plötzlich vor ihrer Wohnungstür. Eine Begegnung, die ihr bisheriges Leben völlig verändern wird.